와우! 아름다운 크리스천의 삶을 위하여 높이 뛰어 오른다.

새가족 점프! 교육

지도자와 교육생 공동사용

갈릴리문화발전소

Jump Jesus Ubiquitous Mission Person
언제 어디서나 복음을 전하는 사람

www.G4004.com

프·롤·로·그

누구나 태어나면 길든 짧든 한 생애를 나그네로 지내며 살아가는 방식 또한 다양합니다.

하나님의 나라는 얼마나 소유하고 살았는가를 중요하게 여기지 않고 어떤 목적으로 무엇을 위해 살았는지 가치를 중요시 여깁니다. 이제 교회라는 기독교 울타리 안에서 첫발을 내딛으며 신앙생활을 입문하게 될 분도 있겠고, 그동안 교회에서 열심히 신앙생활을 하신 분도 있으시겠죠. 직분을 갖은 성도와 갖지 못한 성도가 있겠구요. 경험과 신앙지식이 각 각 다를 수 있지만 우리교회에 등록하고 6주 코스의 점프 새가족교육훈련을 경험하므로 좋은 공동체 일원이 될것을 생각하며 축하드립니다.

크리스천으로 기초를 정리하는 마음가짐으로 참여하면서 행복한 삶을 살기위해 리더자로 세움 받는 길이라고 생각한다면 더욱 보람된 시간이 되리라 생각합니다.

본 교육을 통해서 크리스천으로 자부심을 다지며 어떤 인생의 파도가 닥쳐와도 변함없이 위로는 하나님을 경외하며 이 땅에서 이웃을 내 몸처럼 사랑하는 믿음의 거장이 되기를 희망하면서 강좌를 준비했습니다.

아무쪼록 짧은 6주의 교육을 통해 생각이 3배로 커지기를 바라며 좋은 크리스천으로 세움 받기를 기대합니다. 주님의 이름으로 사랑합니다.

2009. 11. 26
점프전도운동 김영수

점프! 새가족교육생의 행복한 실행 방향

하나-하! ■ 공동체원으로서 신앙의 기본을 축적시킨다.

둘--하! ■ 지식교육을 넘어 마음으로 이해하도록 주님께 의지한다.

셋- 하! ■ 의무교육 참여가 아닌 기쁨으로 자원해서 참여한다.

넷- 하! ■ 시간 지킴과 결석없는 출석은 효과를 두배로 높여준다.

다섯-하! ■ 복음적인 삶의 중심을 잃지 않고 원칙을 지향한다.

여섯-하! ■ 알고 느낀 것을 매일 순간 순간 적용하면서 살아간다.

일곱-하! ■ 고, 감, 사 (고맙습니다. 감사합니다. 사랑합니다.)한다.

여덟-하! ■ 점프전도운동가로 회색 빛 세상 속으로 뛰어 오른다.

말씀적용

롬 1:20 창세로부터 그의 보이지 아니하는 것들 곧 그의 영원하신 능력과 신성이 그가 만드신 만물에 분명히 보여 알려졌나니 그러므로 그들이 핑계하지 못할지니라
(하나님의 영원하신 능력과 신성을 만물 위에 나타내 보이심)

점프! 새가족교육과 기대 (생각나누기)

점프! 새가족교육방향

믿음생활을 오래한 사람, 처음 기독교에 입문한 초신자 신앙교육을 받은 사람, 받지 않고 예배만 참석해 오면서 직분 받은 사람등이 있다.

기독교의 기본교육에 대해서 이렇다라고 말할 수 없는 정리가 안 된 상태에서 중직을 맡아 봉사하는 모습을 흔히 보게 된다.

그래서인지 성도들은 교회에서 같은 신앙고백을 하면서도 신앙관은 각각 다른 색깔을 나타내고 있다. 모두가 같은 목적을 향하여 나아가지 못함이 무척 마음 아픈일이기도 하다.

이제 남, 녀, 노, 소, 연륜, 직분을 막론하고 우리교회 식구 모두가 점프! 새가족교육 훈련을 경험하게 된다. 그리고 연장프로그램인 점프전도훈련 모든 과정을 통과하면 자신을 계산하지 않고 주님의 원하심에 인생을 거는 신앙생활을 하게 되리라 믿는다.

그랬을 때 모두는 복음전도자의 영적 가슴으로 한 생애를 가치있게 살아가게 되리라 믿어진다.

우리의 지내온 날들을 돌아보며 새롭게 개혁정신으로 "점프!" 라고 외치며 출발해 봅시다.

점프전도운동

목·차

프롤로그 3

점프! 새가족교육생의 행복한 실행 방향 4

점프! 새가족교육과 기대 (생각나누기) 5

제1과 하나님(성부, 성자, 성령)은 누구신가? 9

제2과 성경의 기록과 말씀의 위력은? 15

제3과 믿음, 그 놀라운 비밀은 무엇인가? 21

제4과 즐거운 생활과 복음전도란? 27

제5과 크리스천이여! 기본을 알아둡시다. 33

제6과 내가 소속된 교회와 비전 나누기 39

1 주기도문/사도신경/십계명 (기본숙지) 40

2 신앙생활을 하게 될 우리교회 소개 (알아두기) 42

3 JUMP 전도팀 회원모집 (우리교회) 43

4 전도형 성도, 전도형 교회 지향 (후속교육프로그램) 44

5 우리교회 점프! 가족이 된 기쁨 (소감문 발표) 45

6 점프! 새가족교육 수료 (양식) 46

7 JUMP맨의 하늘나라 시민생활 실천수칙 47

8 내가 행복하게 될 미래 (메모노트) 48

9 점프! 전도운동의 노래 52

제1과

하나님(성부, 성자, 성령)은 누구신가?

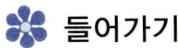 들어가기

> 사 43:10 : 나 여호와가 말하노라 너희는 나의 증인, 나의 종으로 택함을 입었나니 이는 너희가 나를 알고 믿으며 내가 그인 줄 깨닫게 하려 함이라 나의 전에 지음을 받은 신이 없었느니라 나의 후에도 없으리라 (하나님의 유일성을 알게 하심)

하나님은 영원전부터 스스로 계신분이시며 전능하시기에 6일만에 천지만물을 창조하셨다. 영이시기에 아니계신 곳이 없으며 자기의 형상대로 사람을 창조하셨다. 이 땅 위에 모든 사람은 하나님의 도우시는 은혜로 행복하게 살아가시기를 원하신다. 사람이 경배할 유일한 대상은 오직 한 분 하나님이시다.

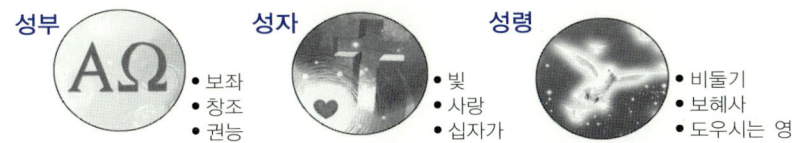

성부 — 보좌, 창조, 권능
성자 — 빛, 사랑, 십자가
성령 — 비둘기, 보혜사, 도우시는 영

> 마 28:19 : 너그러므로 너희는 가서 모든 민족을 제자로 삼아 아버지와 아들과 성령의 이름으로 세례를 베풀고 (삼위일체 하나님)

❁ 관찰이해 – 하나님(성부,성자,성령)은 누구신가?

성 부 창 1:1 – 태초에 하나님이 **천지를 창조**하시니라
(전 우주를 무(無)에서 유(有)로 창조하심과 통치)

성 자 요 14:6 – 예수께서 이르시되 내가 곧 길이요 진리요 생명이니 **나로 말미암지 않고는 아버지께로 올 자**가 없느니라 (그리스도를 통한 하나님 아버지께로부터 구원)

성 령 롬 8:26 – 이와 같이 **성령도 우리의 연약함을 도우시나니** 우리는 마땅히 기도할 바를 알지 못하나 오직 성령이 말할 수 없는 탄식으로 우리를 위하여 친히 간구하시느니라 (우리의 연약함을 도우시는 사역)

❁ 함께 나누기

1. 삼위일체 하나님께서 창조사역, 구속사역, 도우심사역을 지금도 이루어 가신다고 믿습니까?
2. 하나님은 절대주권자이시다. 다시 말하면 우리 인생들과 우주만물의 통치자라는 그 사실을 믿습니까?

❁ 적 용

❋ 기 도

창조주 하나님 아버지의 위대하심을 알게 하시니 감사합니다. 저의 한 생애 동안 하나님 아버지를 변함없이 주인으로 모시며 살아가겠습니다. 예수님의 이름으로 기도합니다. 아멘

성경을 읽기 전의 기도

켄 가이어 Ken Gire

오 하나님,
성경에 기록된 모든 말씀을
보배로 여길 수 있도록
우리를 도와주소서.

그러나 우리를 당신께 이끌어 주는 것으로서만
그 말씀을 보배로 여기게 하소서.
그 말씀이 당신을 발견하는데
디딤돌이 되게 하소서.

설령 내가 당신을 찾다가 길을 잃고
헤매이더라도
설령 내가 어떤 종교적 논쟁의
가시에 찔리더라도

그 말씀에 대한 신뢰만큼은
저버리지 않게 하소서.
설령 내가 길을 잃더라도
당신의 두 팔에 안겨서만 그리 되게 하소서.

◆ 나홀로 요점 정리 Note ◆

하나님은 누구신가? 라는 교육을 받고 느낀 부분을 복습하는 마음으로 잔잔히 생각하며 즐겁게 재정리 해봅시다.

신 31:8 여호와 그가 네 앞에서 가시며 너와 함께 하사 너를 떠나지 아니하시며 버리지 아니하시리니 너는 두려워하지 말라 놀라지 말라 (우리 인생을 인도하시는 하나님)

시편 92: 5~6 여호와여 주께서 행하신 일이 어찌 그리 크신지요 주의 생각이 매우 깊으시니이다 어리석은 자도 알지 못하며 무지한 자도 이를 깨닫지 못하나이다 (여호와께서 하신 일은 크고 깊으시다, 그 하나님을 모르는 이웃이 너무 많다. 하나님을 알게 하심은 내게 가장 큰 은혜)

♣ 매일실천하기 - 생활기도, 성경 1절 읽기, 찬송 한곡부르기, 한 사람 칭찬하기, 감사한 일 하나 찾기

쉬·어·가·는·페·이·지

하나님은 천지 만물을 창조하시고 그 안에 있는 거민들과 귀인들의 권세와 영광들을 없는 것처럼 여기시는 크신 분이시다. 하나님은 영원하신 여호와 하나님이시며 명철이 한이 없으시는 창조주 하나님이시다. 그리고 그 분은 피곤하고 무능한 자들에게 힘과 능력을 더하시는 분이며 그분을 앙망하는 자들에게 독수리의 날개 치며 올라가는 것과 같은 힘을 주시고 달음박질하고 먼 거리를 걸어가도 피곤치 않게 하시는 분이시다. 그러므로 우리는 상황으로 인하여 절망하지 말고 여호와를 앙망해야 한다. 우리의 문제는 하나님을 잊어버리는데 있다. 따라서 우리에게 필요한 것은 하나님의 성품과 하신 일을 묵상하는 것이다.

> 시편 19:9~10
> 여호와를 경외하는 도는 정결하여 영원까지 이르고 여호와의 법도 진실하여 다 의로우니 금 곧 많은 순금보다 더 사모할 것이며 꿀과 송이꿀보다 더 달도다

JUMP전도운동의 비전

점프전도운동은 Jesus Ubiquitous Mission Person의 이니셜로 언제 어디서든지 예수그리스도를 증거하는 사람을 지칭한다.
JUMP는 첫째, 하나님 사랑을 위하여 뛰어 오르자. 둘째, 이웃사랑을 위하여 뛰어 오르자는 혁신적 전천후 복음전도운동이다.

구호 ! 점프 !
하나님 사랑을 위하여, 이웃 사랑을 위하여...
나갑시다 ! 외칩시다 ! 전합시다 !

우리 함께 아름다운 세상을 기대하며 나갑시다. 복음 들어야 할 이웃을 향해 외칩시다. 하나님의 나라가 가까웠다라고 사랑으로 외칩시다.

제2과

성경의 기록과 말씀의 위력은?

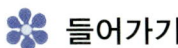 들어가기

> 벧후 1:19~21 또 우리에게는 더 확실한 예언이 있어 어두운데를 비추는 등불과 같으니 날이 새어 샛별이 너희 마음에 떠오르기까지 너희가 이것을 주의하는 것이 옳으니라 먼저 알 것은 **성경의 모든 예언은 사사로이 풀 것이 아니니 예언은 언제든지 사람의 뜻으로 낸 것이 아니요 오직 성령의 감동하심을 받은 사람들이 하나님께 받아 말한 것**임이라 (저자 의도가 아닌 영감으로 기록)

구약, 신약 기록서는 전능자 하나님의 정확무오한 말씀이시다. 그러므로 신앙생활의 유일한 법과 규칙이다. 성경말씀은 곧 하나님이 시기에 읽고 듣고 지키는 자는 거룩한 백성으로 주안에서 행복한 삶을 살게 된다.

- 구약 39권 〈히브리어〉 기원전 B.C 1500년 동안 기록
- 내용 : 천지창조와 오실 예수님에 대해서
- 신약 27권 〈헬라어〉 기원후 A.D 100년 동안 기록
- 내용 : 오신 예수님과 종말 그리고 영원에 대해서
- 신·구약 총 1189장으로 40여명의 선지자들이 약 1,600년 동안에 하나님의 감동으로 기록

🌸 관찰이해 - 성경의 기록과 말씀의 위력은?

감 동 딤후 3:15~17 또 어려서부터 성경을 알았나니 성경은 능히 너로 하여금 그리스도 예수 안에 있는 믿음으로 말미암아 구원에 이르는 지혜가 있게 하느니라 **모든 성경은 하나님의 감동으로 된 것**으로 교훈과 책망과 바르게 함과 의로 교육하기에 유익하니 이는 하나님의 사람으로 온전하게 하며 모든 선한 일을 행할 능력을 갖추게 하려 함이라 (하나님의 영감으로 기록, 교훈, 책망, 교육, 온전하게 함)

위 력 갈 5:22~24 오직 성령의 열매는 사랑과 희락과 화평과 오래 참음과 자비와 양선과 충성과 온유와 절제니 이같은 것을 금지할 법이 없느니라 **그리스도 예수의 사람들은 육체와 함께 그 정욕과 탐심을 십자가에 못 박았느니라** (거룩한 하나님의 나라 백성으로 열매맺도록 하심)

🌸 함께 나누기

1. 성경 전체의 기록은 전능하신 하나님 아버지 영감을 받아 선지자들이 기록한 사실이 믿어집니까?
2. 말씀을 읽고 들음으로 내 자신이 거룩한 품성과 우리를 향한 하나님의 계획을 발견하게 될까요?

🌸 적 용
🌼 기 도

주의 말씀은 생활현장에서 나를 바르게 살아가도록 하는 안내자요, 믿고 험한 세상에서 승리하도록 도우시는 능력이심을 감사드립니다. 언제 어디서든지 말씀에 의지하여 살아가게 하옵소서. 예수님의 이름으로 기도드립니다. 아멘

충만한 하루를 살기 위한 기도

월리암 바클레이 Willam Barclay 1907-1960

오! 하나님
오늘 나의맡은 일을 감당하기 위해서
필요한 능력을 내게 허락하시고,

그것을 보다 잘 하기 위해서
필요한 성실함을 허락하시며,

비록 나를 지켜보고 칭찬하거나
잘못을 지적해주는 사람이 없을 지라도,
열심히 노력하는 자기 훈련을 쌓게 하옵소서.

자신을 높이는 만큼이나
일에 최선을 다하게 하시며,

나와 함께 생활하고 같이 일하는 자에게
친절하고 그들의 입장을 헤아리므로
저들로 마음의 평안을 누릴 수 있게 하옵소서.

오늘 하루를 이렇게 살므로
내가 가는 곳마다 행복감이 더해지게 하옵소서.

주 예수 그리스도의 이름으로 기도드립니다.
아멘

◆ 나홀로 요점 정리 Note ◆

성경의 기록과 말씀의 위력은? 교육을 받고 느낀 부분을 복습하는 마음으로 잔잔히 생각하며 즐겁게 재정리 해 봅시다.

시편 90: 2 산이 생기기 전, 땅과 세계도 주께서 조성하시기 전 곧 영원부터 영원까지 주는 하나님이시니이다 요 1:1 태초에 말씀이 계시니라 이 말씀이 하나님과 함께 계셨으니 이 말씀은 곧 하나님이시라
※ 말씀을 통해서 하나님의 통치하심을 발견하고 말씀따라 승리의 삶을 살게 된다.

♣ 매일실천하기 - 생활기도, 성경 1절 읽기, 찬송 한곡부르기, 한 사람 칭찬하기, 감사한 일 하나 찾기

쉬·어·가·는·페·이·지

1971년 7월 아폴로 15호를 타고 달에 갔다온 우주비행사 제임스 어윈은 이런 말을 했다.
"미국 공군사관학교 솔개상에서는 '한 인간의 생애에 걸친 비행은 그의 지식의 힘에 의존한다'는 글이 있는데 나는 달에 가서야 그 말의 의미를 실감하게 되었다. '그의 지식'이란 예수 그리스도를 아는 지식이며 이 지식이야 말로 인생을 지탱하는 힘이다. 나는 하나님께서 살아 계시다는 것을 지구에 있을 때보다 달에서 훨씬 더 강하게 깨달을 수 있었다."
이러한 지식이 삶을 이끌어가고 지탱하여 주는 힘이 되어야 한다.

> 딤후 3:16~17
> 모든 성경은 하나님의 감동으로 된 것으로 교훈과 책망과 바르게 함과 의로 교육하기에 유익하니 이는 하나님의 사람으로 온전하게 하며 모든 선한 일을 행할 능력을 갖추게 하려 함이라

JUMP전도운동의 비전

점프전도운동은 Jesus Ubiquitous Mission Person의 이니셜로 언제 어디서든지 예수그리스도를 증거하는 사람을 지칭한다.
JUMP는 첫째, 하나님 사랑을 위하여 뛰어 오르자. 둘째, 이웃사랑을 위하여 뛰어 오르자는 혁신적 전천후 복음전도운동이다.

구호 ! 점프 !
하나님 사랑을 위하여, 이웃 사랑을 위하여...
나갑시다 ! 외칩시다 ! 전합시다 !

우리 함께 아름다운 세상을 기대하며 나갑시다. 복음 들어야 할 이웃을 향해 외칩시다. 하나님의 나라가 가까웠다라고 사랑으로 외칩시다.

제3과

믿음, 그 놀라운 비밀은 무엇인가?

❋ 들어가기

> 롬 10:9~10 네가 만일 네 입으로 예수를 주로 시인하며 또 하나님께서 그를 죽은 자 가운데서 살리신 것을 네 마음에 믿으면 구원을 받으리라 **사람이 마음으로 믿어 의에 이르고 입으로 시인하여 구원에 이르느니라** (구속사역을 믿는 마음)

믿음(faith)이란 단어는 "받치다, 머문다, 공급하다, 지속하다"라는 의미가 담겨있다. 믿음의 대상은 하나님의 아들이신 예수 그리스도이시며 십자가에서 죽으시고 3일만에 살아나신 사실을 마음으로 믿으면 구원을 얻게된다. 믿음은 하나님의 절대적 가치의 선물이다. 선행으로 얻은 것이 아니기에 자랑할 수 없다. 마음으로 믿고 입으로 시인하면 구원을 얻는다.

- 아담과 하와로부터 물려받은 원죄 (왜?)
- 나 (   )가 못 박혀야 할 십자가
- 우리 죄 대신 십자가에서 죽으심

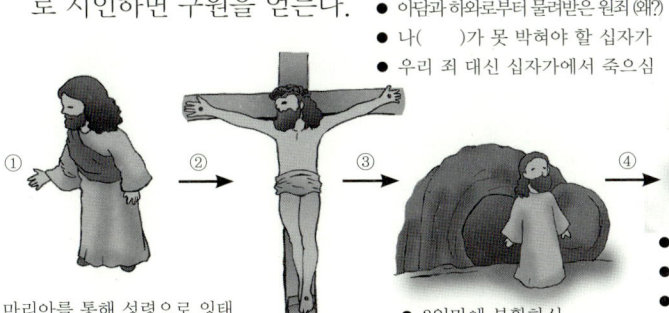

- 마리아를 통해 성령으로 잉태
- 왜! 오셨을까? 죄인 구원하러 오심
- 30세~33세까지 복음전도 사역
- 3일만에 부활하심
- 전세계적으로 유일한 사건
- 제자들과 500여 무리 앞에서 승천
- 보좌에서 우리 위해 기도
- 재림준비중(종말의 시대)
- 우리는 주님 맞을 준비해야...

믿음, 그 놀라운 비밀은 무엇인가? 21

🌸 관찰이해 – 믿음 그 놀라운 비밀은 무엇인가?

선 물 엡 2:8~9 너희는 그 은혜에 의하여 **믿음으로 말미암아 구원을 받았으니 이것은 너희에게서 난 것이 아니요 하나님의 선물**이라 행위에서 난 것이 아니니 이는 누구든지 자랑하지 못하게 함이라 (믿음은 조건없는 선물)

소 망 롬 15:13 소망의 하나님이 모든 기쁨과 평강을 믿음 안에서 너희에게 충만하게 하사 성령의 능력으로 **소망이 넘치게 하시기를** 원하노라 (믿음, 소망, 평강이 넘침)

승 리 엡 6:16 **모든 것 위에 믿음의 방패**를 가지고 이로써 능히 악한 자의 모든 불화살을 소멸하고 (모든 화전을 소멸하는 방패 주심)

🌸 함께 나누기

1. 믿음이 있는 크리스천은 행함 또한 실천해야 한다. 좋은 믿음의 소유자는 예수님 닮은 꼴 성도라고 생각하십니까?
2. 당신은 예수 그리스도의 유일한 이름으로 구원받은 믿음을 간직하고 있습니까?

🌸 적 용

🌼 기 도

태중에 있기 전에, 창세전에 나를 선택하시고 하나님을 아버지라 부르며 예수 그리스도를 통한 하나님 아버지로부터 구원을 얻었습니다. 믿음으로 복음을 전하고 하나님 나라를 소망하며 살아가게 하심을 감사하며 예수님의 이름으로 기도합니다. 아멘

Jump 복음의 징검다리

한발자국
요 3:16 하나님이 세상을 이처럼 사랑하사 독생자를 주셨으니 이는 그를 믿는 자마다 멸망하지 않고 영생을 얻게 하려 하심이라 (하나님은 사랑이시라)

두발자국
요 10:10 도둑이 오는 것은 도둑질하고 죽이고 멸망시키려는 것뿐이요 내가 온 것은 양으로 생명을 얻게 하고 더 풍성히 얻게 하려는 것이라 (우리의 구원을 위해 예수님 오심)

세발자국
롬 3:23 모든 사람이 죄를 범하였으매 하나님의 영광에 이르지 못하더니 (하나님을 모르는 죄인으로 태어남)

네발자국
롬 6:23 죄의 삯은 사망이요 하나님의 은사는 그리스도 예수 우리 주 안에 있는 영생이니라 (죄값은 죽음)

다섯발자국
롬 5:8 우리가 아직 죄인 되었을 때에 그리스도께서 우리를 위하여 죽으심으로 하나님께서 우리에 대한 자기의 사랑을 확증하셨느니라 (십자가에서 죽으심은 우리를 사랑하심)

여섯발자국
고전 15:3~4 내가 받은 것을 먼저 너희에게 전하였노니 이는 성경대로 그리스도께서 우리 죄를 위하여 죽으시고 장사 지낸 바 되셨다가 성경대로 사흘 만에 다시 살아나사 (죽으셨다가 3일만에 부활하심)

일곱발자국
요 14:6 예수께서 이르시되 내가 곧 길이요 진리요 생명이니 나로 말미암지 않고는 아버지께로 올 자가 없느니라 (오직 예수님을 믿는 자가 구원 얻음)

여덟발자국
요 1:12 영접하는 자 곧 그 이름을 믿는 자들에게는 하나님의 자녀가 되는 권세를 주셨으니 (하나님의 자녀로 회복)

아홉발자국
엡 2:8~9 너희는 그 은혜에 의하여 믿음으로 말미암아 구원을 받았으니 이것은 너희에게서 난 것이 아니요 하나님의 선물이라 행위에서 난 것이 아니니 이는 누구든지 자랑하지 못하게 함이라 (구원은 하나님의 선물)

열발자국
계 3:20 볼지어다 내가 문 밖에 서서 두드리노니 누구든지 내 음성을 듣고 문을 열면 내가 그에게로 들어가 그와 더불어 먹고 그는 나와 더불어 먹으리라 (영접하는 자는 일생동안 주와 동행)

♣ 위의 말씀들을 마음으로 읽으시면 살아가는 인생 여정에 놀라운 경이로움을 맛보게 될 것입니다.

쉬·어·가·는·페·이·지

지혜로운 삶은 "하나님을 경외함으로 섬기고 떨며 즐거워하는 삶"이다. 우리는 하나님을 사랑하고 즐거워하는 것만으로는 부족하다. '경외함'과 '떠는 자세'가 있어야 한다.

참 신앙은 사랑을 명분으로 하나님을 가벼이 여기는 것을 용납하지 않는다. 참 신앙은 하나님의 높고 위대하심 앞에 옷깃을 여미는 한편, 그분의 선하심과 자비하심을 온 마음을 다해 찬송하는 삶을 의미한다. 우리에게 이러한 요소가 균형을 이루고 있는지 살펴보자.

하나님은 우리가 예수 그리스도께 엎드려 경배하고 그분을 믿고 사랑하는 것을 즐거워하신다.

> 요일 5:4
> 무릇 하나님께로부터 난 자마다 세상을 이기느니라 세상을 이기는 승리는 이것이니 우리의 믿음이니라

JUMP전도운동의 비전

점프전도운동은 Jesus Ubiquitous Mission Person의 이니셜로 언제 어디서든지 예수그리스도를 증거하는 사람을 지칭한다.
JUMP는 첫째, 하나님 사랑을 위하여 뛰어 오르자. 둘째, 이웃사랑을 위하여 뛰어 오르자는 혁신적 전천후 복음전도운동이다.

구호 ! 점프 !
하나님 사랑을 위하여, 이웃 사랑을 위하여...
나갑시다 ! 외칩시다 ! 전합시다 !

우리 함께 아름다운 세상을 기대하며 나갑시다. 복음 들어야 할 이웃을 향해 외칩시다. 하나님의 나라가 가까웠다라고 사랑으로 외칩시다.

제4과

즐거운 생활과 복음전도란?

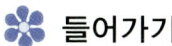 **들어가기**

> 살전 2:14 오직 하나님께 **옳게 여기심을 입어 복음을 위탁 받았으니** 우리가 이와 같이 말함은 사람을 기쁘게 하려 함이 아니요 **오직 우리 마음을 감찰하시는 하나님을 기쁘시게 하려 함이라** (복음을 위탁받은 우리가 기쁜소식을 전하면 모두가 행복)

진리를 알지니 진리가 너희를 자유케 하리라 (요 8:32)는 말씀을 항상 마음에 새기며 항상 기쁘게, 즐겁게, 행복하게 주님과 동행하는 삶을 살아가야 한다. 더 중요한 것은 주님께서 우리에게 유일한 복음전도 사명을 수행하라고 명령하셨다. 이웃에게 구원의 길을 끊임없이 전파해야 한다. 구원받은 성도는 전도자의 삶을 사는 것이 주 임무 임을 잊어서는 안된다.

② 구제전도 하하하

③ 전도훈련 하하하

④ 이웃사랑 하하하

Ⓐ 예수님 모르고 사망을 향해 달려가는 이웃!! 와 살려줘 아악!

Ⓑ 주예수 그리스도께서 구세주이심을 마음으로 믿으세요. 구원프로젝트! 휙

★ 그림 깊이 묵상하기

🌸 관찰이해 – 즐거운 생활과 복음전도란?

나그네의 삶 벧전 1:17 외모로 보시지 않고 각 사람의 행위대로 심판하시는 이를 너희가 아버지라 부른즉 **너희가 나그네로 있을 때를** 두려움으로 지내라 (살아가는 목적이 분명한 복음적인 나그네)

즐거운 전도 막 16:15 또 이르시되 너희는 **온 천하에 다니며 만민에게 복음을 전파**하라 (온 천하 만민에게 기쁜소식 전파)

하나님 중심의 삶 롬 14:8 우리가 살아도 주를 위하여 살고 죽어도 주를 위하여 죽나니 그러므로 **사나 죽으나 우리가 주의 것**이로다 (나의 총체적 인생은 하나님 소유)

🌸 함께 나누기

1. 살아 온 날들이 행복했는가? 앞으로 살아갈 날들은 소망이 있는가?
2. 남은 인생을 살면서 소유 중심과 가치 중심의 삶 중 무엇이 옳다고 생각하는가?
3. 복음전도에 당신의 목숨을 걸고 살아 보고 싶은 생각은 없는가?
4. 바이러스는 몸에 결코 좋지 않다. 그러나 내가 이웃을 향해 행복바이러스로 전해진다면 감동적인 세상을 만들 수 있을까요?

🌸 적 용

🌸 기 도

길과 진리 생명이신 하나님 아버지, 진리 안에서 행복하게 살아가도록 함께 하옵소서. 이 땅에서 유한적 인생을 살아가게 됩니다. 이웃 사람들에게 가장 값진 복음전하며 사는 가치 중심의 삶으로 승리하게 하옵소서. 예수님의 이름으로 기도합니다. 아멘

조나단 가문의
성공비결

미국의 뉴 삼부라는 도시에 가면 조나단, 사라 부부가 살던 조그만 집이 있는데 그 집 때문에 그 도시가 관광지로 변했습니다. 그 집 간판에는 이런 글자가 쓰여 있습니다. "이 집은 조그마합니다. 그러나 이 집은 위대한 집입니다. 이 집은 오늘의 미국을 만드는데 위대한 공헌을 하였습니다."

조나단, 사라 부부는 아이들을 11명이나 키웠는데 그 11명이 모두 후세에 이름을 남기는 역사적인 인물이 되었습니다. 그리고 그의 후손 중에서 부통령 1명, 지사가 3명, 대학장이 13명, 변호사가 100명, 교수가 65명, 판사가 3명, 의사가 30명. 등 외에도 수백 명의 목사와 선교사들이 배출되었습니다.

이 가문을 연구해서 박사학위를 받은 사람만 해도 6명이나 됩니다. 그런데 재미있는 것은 이들의 한결같은 결론은 조나단, 사라 부부가 생명의 씨앗이 되는 축복의 언어를 자녀들에게 심어 주었다는 것입니다. 그의 아들 중 프리스턴 대학의 총장이었던 조나단 에드워즈는 "우리가 훌륭하게 자랄 수 있었던 것은 우리 부모님이 신앙적 교훈의 말씀을 주셨기 때문입니다." 라고 고백했답니다.

◆ 나홀로 요점 정리 Note ◆

즐거운 생활과 복음전도란? 교육을 받고 느낀 부분을 복습하는 마음으로 즐겁게 생각하며 재정리 해보기

> 마 3:1~4 그 때에 세례 요한이 이르러 유대 광야에서 전파하여 말하되 회개하라 천국이 가까이 왔느니라 하였으니 그는 선지자 이사야를 통하여 말씀하신 자라 일렀으되 광야에 외치는 자의 소리가 있어 이르되 너희는 주의 길을 준비하라 그가 오실 길을 곧게 하라 하였느니라 이 요한은 낙타털 옷을 입고 허리에 가죽 띠를 띠고 음식은 메뚜기와 석청이었더라 (세례요한은 예수님의 앞길을 준비하며 열악한 조건에서도 복음전파에에 생명건 즐거운 인생)

♣ 매일실천하기 - 생활기도, 성경 1절 읽기, 찬송 한곡부르기, 한 사람 칭찬하기, 감사한 일 하나 찾기

쉬·어·가·는·페·이·지

이유 없이 링컨을 미워한 여인이 있었다.
"광대뼈가 튀어나오고, 눈은 움푹 파이고, 키는 전봇대 같다"고 비방했다.
그런데 그녀는 아들이 탈영하여 잡혀 군법재판에 회부되어 사형선고를 받았다. 아들의 살 길은 국가원수의 특사령뿐임을 안 여인은 천신만고 끝에 대통령을 만나게 되었다. "대통령 각하!" 하면서 아들을 살려 달라고 소경 바디메오처럼 부르짖었다. "내일 소식이 있을 거요. 안심하고 가십시오!" 약속대로 아들은 석방되었다. 그때부터 그녀는 "내가 만나 본 대통령은 얼굴이 남자답게 뼈대가 굵고 미소짖는 얼굴은 아주 매력적이고 대화가 부드럽고 조리가 있었고 깊은 곳에 들어가 있는 두 눈은 정의로 빛나고 있었고 키가 잘 빠진 신사요 세계 제일의 미남이었습니다!"라고 하더란 것이다. 이는 자기 아들을 살려준 분이기 때문이요. 자기 가슴에 평화를 심어준 은인이었기 때문이다.

> 막 16:15
> 또 이르시되 너희는 온 천하에 다니며 만민에게 복음을 전파하라

JUMP전도운동의 비전

점프전도운동은 Jesus Ubiquitous Mission Person의 이니셜로 언제 어디서든지 예수그리스도를 증거하는 사람을 지칭한다.
JUMP는 첫째, 하나님 사랑을 위하여 뛰어 오르자. 둘째, 이웃사랑을 위하여 뛰어 오르자는 혁신적 전천후 복음전도운동이다.

구호 ! 점프 !
하나님 사랑을 위하여, 이웃 사랑을 위하여…
나갑시다 ! 외칩시다 ! 전합시다 !

우리 함께 아름다운 세상을 기대하며 나갑시다. 복음 들어야 할 이웃을 향해 외칩시다. 하나님의 나라가 가까웠다라고 사랑으로 외칩시다.

크리스천이여! 기본을 알아둡시다.

> 고전 10:31 그런즉 너희가 먹든지 마시든지 무엇을 하든지 다 **하나님의 영광을 위하여** 하라 (주님을 기쁘게 하는 일이 나의 기쁨)

크리스천으로서 생활은 고행의 길이 아니라 아주 단순한 기쁨이 있는 삶 그 자체이다. 누구도 정죄할 수 없는 행복으로의 초대된 자리가 교회 곧 천국이다. 실적, 점수, 지능, 소유, 재능, 권력이 춤추며 자랑할 수 없는 곳이다. 가난, 눌림, 눈물, 부자, 귀빈, 남녀노소 누구나 주님의 은혜를 입고 복음에 빚진 자 심정으로 모여서 오직 하나님을 영화롭게 하며 즐거워 하는 곳이어야 한다. 봉사와 신앙의 지식을 쌓아 가는 일까지도 낮은 자 심정으로 예수님처럼 살아가기 위함이다.

① 기본임무를 누구에게도 자랑하지 않는다. ② 주임무는 생명걸고 실천한다.

🌸 관찰이해 – 크리스천이여 기본을 알아 둡시다.

유형교회란? 렘 26:2 여호와께서 이와 같이 말씀하시니라 너는 여호와의 성전 뜰에 서서 유다 모든 성읍에서 **여호와의 성전**에 와서 예배하는 자에게 내가 네게 명령하여 이르게 한 모든 말을 전하되 한 마디도 감하지 말라 (성도들이 모일 수 있는 장소의 건물)

무형교회란? 고전 3:16 너희는 **너희가 하나님의 성전**인 것과 하나님의 **성령이 너희 안에 계시는 것**을 알지 못하느냐 (예수 그리스도를 구주로 믿는자들의 모임)

예배란? 요 4:24 하나님은 영이시니 **예배하는 자가 영과 진리로** 예배할지니라 (절대주권자이신 하나님을 경외하며 높여 드리는 표현)

헌금드림? 고후 9:11~12 너희가 모든 일에 넉넉하여 너그럽게 연보를 함은 그들이 우리로 말미암아 **하나님께 감사하게 하는 것**이라 이 봉사의 직무가 성도들의 부족한 것을 보충할 뿐 아니라 사람들이 하나님께 드리는 많은 감사로 말미암아 넘쳤느니라 (감사하며 하나님께 드린 예물)

기도란? 요1서 5:14 그를 향하여 우리가 가진 바 담대함이 이것이니 **그의 뜻대로 무엇을 구하면 들으심**이라 (하나님의 계획하신 뜻대로 이루어지기를 예수님의 이름으로 구함)

찬송이란? 시 96:2 여호와께 노래하여 **그의 이름을 송축**하며 그의 구원을 날마다 전파할지어다 (여호와를 높여 드리는 표현의 노래)

봉사란? 엡 4:12 이는 성도를 온전하게 하여 봉사의 일을 하게 하며 **그리스도의 몸을 세우려 하심**이라 (그리스도의 몸을 세우기 위해 봉사)

죄란? 대하 12:14 르호보암이 악을 행하였으니 이는 그가 **여호와를 구하는 마음을 굳게 하지 아니함**이었더라 (하나님을 불신하고 말씀을 거역한 일)

주일성수? 창 2:2 하나님이 그가 하시던 일을 일곱째 날에 마치시니 그가 하시던 모든 일을 그치고 **일곱째 날에 안식**하시니라 (하나님께서 6일 창조하시고 7일 째 안식, 신약시대에 **부활한 날을 주일로**)

학습이란? (만14세 이상 / 믿은지 6개월 이상 / **예수 그리스도를 구주로 영접한 신앙**이 신실한 자)

세례란? (학습 받은 후 6개월 이상 교회 잘 출석 / **예수 그리스도를 구주로 영접하고 신앙**이 독실하면 문답 후 세례 받게 됨)

신앙생활을 하다보면 교회 중심으로 참여해야 될 모임들이 있다. 성도로써 모든 모임에 참여 할 수 있다면 정말 좋겠지만 현실적 여건이 그렇게 주어지지 않을 수도 있다라고 피차 생각해야 한다. 그러하기에 부득불 모임에 참여 하지 못하는 성도들을 이해 할 필요가 있다. 참여하고 싶어도 할 수 없는 성도들께서는 삶의 현장에서 작은 예수님처럼 살아가야 된다. 삶 전체를 하나님 영광을 위하여 라고 생각하고 이웃사랑을 위하여 라고 생각해야 함.

❁ 함께 나누기

1. 신앙생활에 필요한 다양한 요소들이 있다. 왜 필요할까요?
2. 나의 능력이나 신앙실적을 높인 일이 있을 때 자랑으로 여기면 어떨까요?

❁ 적 용

❁ 기 도

하나님 아버지 세상에서 1회용 소모 제품들을 사용해 보았습니다. 우리의 인생들이 무엇을 위해 사용되었는지 점검할 날이 있을 터인데 그날에 부끄럽지 않도록 날마다 성령의 지배를 받으며 살게 하옵소서. 예수님의 이름으로 기도합니다. 아멘

> **point**
>
> **전도는?** 십자가 복음을 들려주거나 읽을 수 있도록 전파했다면 전도한 것이다. 모든 사람들의 생명의 주인은 나와 우리가 아니고 오직 하나님이심을 잊어서는 안된다.
>
> **고전 3:23 너희는 그리스도의 것이요 그리스도는 하나님의 것이라** 그러기에 실적이 주가 되어서는 안된다. 이웃에게 불쾌하지 않도록 필요 중심으로 끊임없이 다가가야 한다. 그 뒤에서 주인되시는 하나님께서 일하심을 기다리라.

쉬·어·가·는·페·이·지

한 마을에 네 사람이 빵집을 개업했다
첫 번째 사람은 우리나라에서 제일 맛있는 빵집이란 간판을 걸고
두 번째 사람은 세계에서 제일 맛있는 빵집이라 했고
세 번째 사람은 우주에서 제일 맛있는 빵집이라 했다
네 번째 사람은 우리 동네에서 제일 맛있는 빵집이라고 했는데
손님은 네 번째 빵집으로 몰렸다 한다

작은 일에 최선을 다하는 사람은 어디에 있어도 최선의 사람이 된다. 최고가 되려는 사람은 수단으로서 잠시 그 곳에 머물 수도 있으나 최선의 기반 없이 최고는 결국 그것으로 인해 무너지고 만다. 있는 자리에서 최선은 우주에서 최고가 되는 첩경이다

> 마 23:12
> 누구든지 자기를 높이는 자는 낮아지고 누구든지 자기를 낮추는 자는 높아지리라

◆ 나홀로 요점 정리 Note ◆

크리스천이여 기본을 알아둡시다! 교육을 받고 느낀 부분을 복습하는 마음으로 즐겁게 생각하며 재정리 해보기

신 31:8 여호와 그가 네 앞에서 가시며 너와 함께 하사 너를 떠나지 아니하시며 버리지 아니하시리니 너는 두려워하지 말라 놀라지 말라 (하나님을 앞 세우고 가면 가장 안전)

♣ 매일실천하기 - 생활기도, 성경 1절 읽기, 찬송 한곡부르기, 한 사람 칭찬하기, 감사한 일 하나 찾기

제 6과

내가 소속된 교회와 비전 나누기

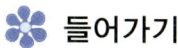 **들어가기**

> 눅 13:18~21 예수께서 이르시되 하나님의 나라가 무엇과 같을까 내가 무엇으로 비교할까 마치 사람이 자기 채소밭에 갖다 심은 **겨자씨 한 알 같으니 자라 나무가 되어 공중의 새들이 그 가지에 깃들였느니라** 또 이르시되 내가 하나님의 나라를 무엇으로 비교할까 마치 여자가 **가루 서 말 속에 갖다 넣어 전부 부풀게 한 누룩과 같으니라** 하셨더라 (비전)

사람들이 모인 곳에는 2가지 요소가 절대 필요하다. 하나는 조직이며 또 하나는 목적이다. 조직도 목적도 없는 희미한 무리들의 모임은 결집력이 약하고 생산적 힘도 없다. 특히 신앙생활을 하는 성도들의 삶 또한 다를 바 없다. 교회 안에서는 복음적 실용조직과 복음지향적 실천목적이 확실히 세워져 있어야 한다.

이제 새가족이 된 형제자매들은 본질을 향한 팀사역자로 소속되어 신앙생활 할 때 끊임없이 기쁨과 보람과 비전을 누리게 된다. 기본을 중요시하며 내가 소속된 팀에서 멤버쉽을 이루고 행복한 교회와 행복한 신앙생활을 이루는 아름다운 열매가 있기를 기대한다.

1 주기도문/사도신경/십계명 (기본숙지)

■ 주께서 가르쳐주신 기도문을 깊이 생각하며 기도하자

주기도문 생각하며

하늘에 계신 우리 아버지여,
이름이 거룩히 여김을 받으시오며,
나라이 임하옵시며,
뜻이 하늘에서 이룬 것 같이
땅에서도 이루어지이다.
오늘날 우리에게 일용할 양식을 주옵시고,
우리가 우리에게 죄 지은자를 사하여 준 것 같이
우리 죄를 사하여 주옵시고,
우리를 시험에 들게 하지 마옵시고,
다만 악에서 구하옵소서.
대개 나라와 권세와 영광이 아버지께
영원히 있사옵 나이다.
– 아멘 –

■ 사도들이 고백했던 신앙을 나의 고백되도록 하자

사도신경 생각하며

전능하사 천지를 만드신 하나님 아버지를 내가 믿사오며,
그 외아들 우리 주 예수 그리스도를 믿사오니,
이는 성령으로 잉태하사 동정녀 마리아에게 나시고,
본디오 빌라도에게 고난을 받으사,
십자가에 못 박혀 죽으시고,
장사한지 사흘 만에 죽은 자 가운데서 다시 살아나시며,
하늘에 오르사,
전능하신 하나님 우편에 앉아 계시다가,
저리로서 산자와 죽은 자를 심판하러 오시리라
성령을 믿사오며,
거룩한 공회와,
성도가 서로 교통하는 것과,
죄를 사하여 주시는 것과,
몸이 다시 사는 것과,
영원히 사는 것을 믿사옵나이다.
– 아멘 –

십계명

계명은 지키는 것이 아니라 예수님처럼 거룩한 품성으로 뛰어넘는 것이다.

제1계명 "다른신을 섬기지 말라"

제2계명 "우상을 만들지 말라"

제3계명 "여호와의 이름을 망령되이 일컫지 말라"

제4계명 "안식일을 기억하여 거룩히 지키라"

4가지 하나님 사랑을 위하여

제5계명 "네 부모를 공경하라"

제6계명 "살인하지 말지니라"

제7계명 "간음하지 말지니라"

제8계명 "도적질 하지 말지니라"

제9계명 "네 이웃에 대하여 거짓증거하지 말지니라"

제10계명 "네 이웃의 집을 탐내지 말지니라"

6가지 이웃 사랑을 위하여

말씀적용
마 22:35~40 그 중의 한 율법사가 예수를 시험하여 묻되 선생님 율법 중에서 어느 계명이 크니이까 예수께서 이르시되 네 마음을 다하고 목숨을 다하고 뜻을 다하여 주 너의 하나님을 사랑하라 하셨으니 이것이 크고 첫째 되는 계명이요 둘째도 그와 같으니 네 이웃을 네 자신 같이 사랑하라 하셨으니 이 두 계명이 온 율법과 선지자의 강령이니라 (두 계명)

2 신앙생활을 하게 될 우리교회 소개 (알아두기)

여러분이 신앙생활 하게 될

_____교회를 소개합니다

1. 소속교단 _____
2. 설립년도 _____
3. 교역자소개 _____
4. 운영기관 _____
5. 예배안내 _____
6. 우리교회 주요 비전 _____
7. 당신의 소속부서 ①   ②   ③

① 기본소속목장은 ○○ 목장(구역) 전도팀입니다.
② 기본소속전도회는 ○○전도회(전도팀) 입니다.
③ 당신이 희망한 자율전도팀은 ○○전도팀 입니다.
가정에 경조사 및 상담 필요시 협력하겠습니다.

8. 당신은 교회를 향한 희망사항이 무엇입니까?

■ 새가족환영팀원들과 인사나누기
※ 복음적인 건전한 교회에서 신앙생활 할 때 행복합니다.

3 JUMP 전도팀 회원모집 (우리교회)

▶ 교회소속 모든 성도에게 전도훈련과 주 임무 100%를 찾도록 해준다.
※ 교회로 등록한 성도는 새가족교육을 마치면 전도팀 3곳에 가입시킨다.

이 름		성 별	
전 화		나 이	
E-mail		핸드폰	
주 소			
1 기본소속전도팀	Ⓐ 전도회명	나는 ( )팀	
	Ⓑ 구역(목장명)	나는 ( )팀	
2 자율형 희망전도팀 (ex)	푸드전도팀( ) 거리전도팀( ) 노인전도팀( ) 기도전도팀( ) 봉사전도팀( ) 구제전도팀( ) 국외선교팀( ) 치유전도팀( ) 자전거전도팀( ) 병원전도팀( ) 화요전도팀( ) 어린이전도팀( ) 문서전도팀( ) 목요전도팀( ) 청소년전도팀( ) 전도교육팀( ) 전도기획팀( ) 교역자전도팀( )		

사랑하는 ○○교회 교우 여러분! 지금 우리는 긴급한 상황을 만났습니다. 복음전도운동가인 우리가 달려가야 할 곳이 너무 많습니다.

① 기본소속 팀인 ① - Ⓐ, ② - Ⓑ 는 자동소속 되었습니다.
② 동아리전도팀 중 1곳 이상 기쁜 마음으로 꼭 회원으로 가입하시고 전도를 위해 기쁘게 쓰임 받읍시다.
③ 전도회비 및 목장(구역)헌금은 전도비로 사용하도록 자율화 한다.

4 전도형 성도, 전도형 교회 지향 (후속교육프로그램)

점프전도운동가 만들기 코스

나에게 주어진 유형, 무형의 소유는 무엇을 위해 선용하라고 주셨을까? 라고 물음에 대답할 수 있으셨나요. 그렇다면 아래 전도교육과정에 관심을 갖어 보세요.

▶ 교육을 받고 싶은 프로그램에 희망☑표시를 해보세요. 교육일정은 추후 등록인원과 계획에 의해 진행됩니다.

코 스 ① 점프전도운동 세미나 ☐
  ▶ 1일 코스 (1주에 1시간 × 4회 수업) = (명)
코 스 ② 점프전도오리엔테이션 ☐
  ▶ 1일 코스 (1주에 1시간 × 4회 수업) = (명)
코 스 ③ 점프전도사관학교 과정 ☐
  ▶ 1년 코스 (1주에 1시간 × 40회 수업) = (명)
코 스 ④ 점프 새가족교육 ☐
  ▶ 6주 코스 (1주에 1시간 × 6회 수업) = (명)
코 스 ⑤ 현장전도체험 실습훈련 ☐
  ▶ 4주 코스 (1주에 3시간 × 4회 실습) = (명)

5 우리교회 점프! 가족이 된 기쁨 (소감문발표)

점프! - 새가족 교육을 마치면서

수료자 _____

디도서 1:3
자기 때에 자기의 말씀을 전도로 나타내셨으니
이 전도는 우리 구주 하나님이 명하신 대로 내게 맡기신 것이라

년   월   일

행복한 점프 가족   ㉙

6 점프! 새가족교육 수료 (양식)

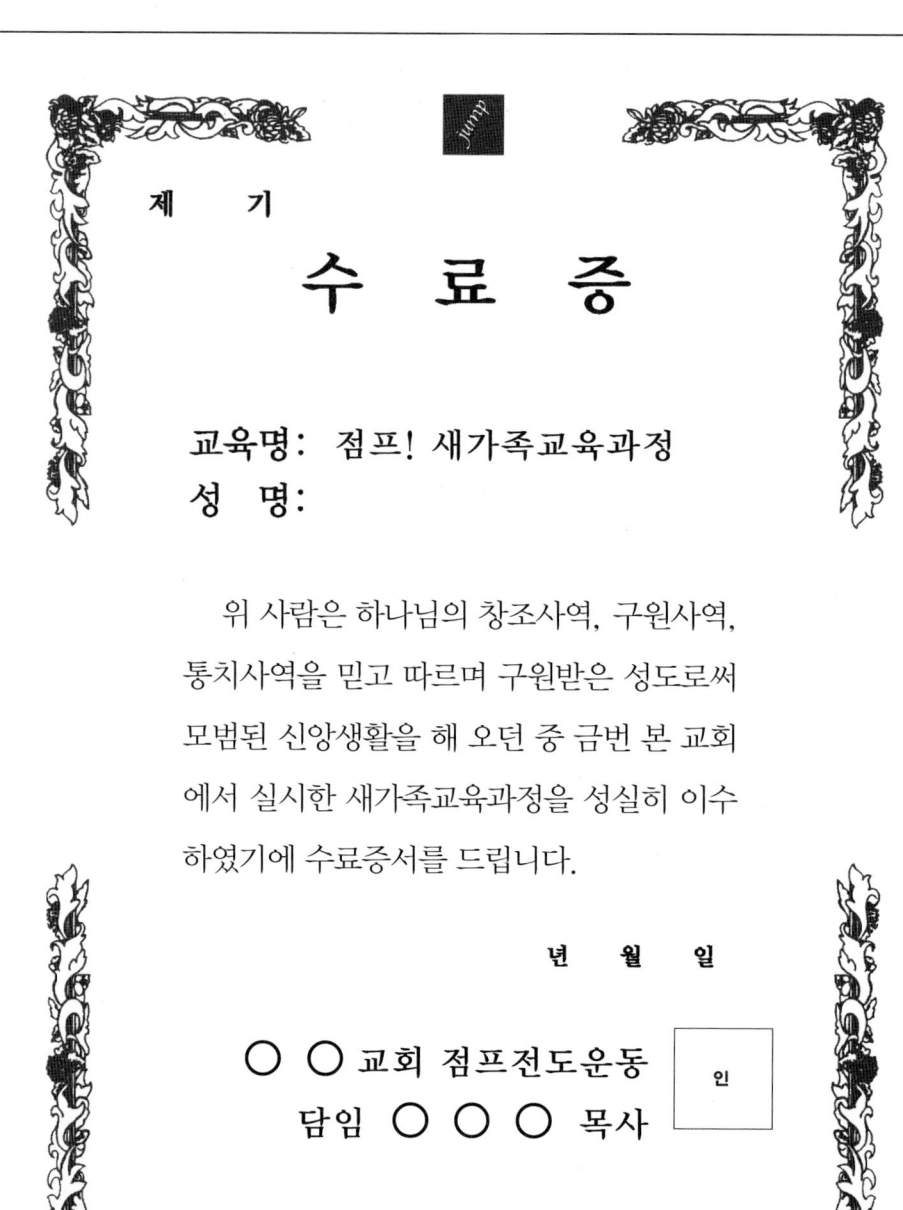

7 JUMP맨의 하늘나라 시민생활 수칙

Jesus Ubiquitous Mission Person

1. 6일 동안 사회생활 속에서 최선의 삶을 살고 7일째는 주일 예배를 기쁘게 드린다.
2. 다른 사람들의 신앙 모습의 잘 잘못을 절대로 평가하지 않는다.
3. 내가 교회 내에서 기쁘게 섬길 수 있는 한 곳 정도는 봉사 한다.
4. 교회 내 성도들도 각 각 성격과 성품 그리고 살아 온 습관이 다름을 인정 한다.
5. 신앙생활 중 예배드림,헌금드림,봉사,성경읽음,전도한일,기도한일,기타 등 자랑하지 않는다.
6. 우리는 항상 복음의 빛 진자 심정으로 이웃에 관심을 가지고 예수님처럼 바울처럼 살아간다.
7. 어렵고 갈등하는 성도를 위해 보이지 않는 곳에서 묵묵히 기도와 물질로 돕는 삶을 실천한다.
8. 교회에서 진행하는 신앙교육 및 전도훈련에 참여해서 자신의 품성을 살찌우고 삶의 목적을 세워간다.
9. 목회자 및 동료 신앙인들을 주 안에서 존경하고 사랑하는 마음을 간직 한다.

JUMP맨의 주 임무는 교회 내 소속전도팀에서 복음전하는 일이며 생활속에서 역시 100% 전도자로 살아가는 것이다.

8 내가 행복하게 될 미래 (메모노트)

_____ 년   월   일

내가 행복하게 될 미래 (메모노트)

내가 행복하게 될 미래 (메모노트)

내가 행복하게 될 미래 (메모노트)

내가 행복하게 될 미래 (메모노트)

내가 행복하게 될 미래 (메모노트)

내가 행복하게 될 미래 (메모노트)

내가 행복하게 될 미래 (메모노트)

_____ 년   월   일

내가 행복하게 될 미래 (메모노트)

_____ 년   월   일

내가 행복하게 될 미래 (메모노트)

내가 행복하게 될 미래 (메모노트)

내가 행복하게 될 미래 (메모노트)

년   월   일

9 점프! 전도운동의 노래

Jesus Ubiquitous Mission Person

(갈릴리문화발전소)

작사 김영수
작곡 정연숙

그리스도 향기 가득한 세상이 아름답게 다가오기를
십자가의 향기 가득한 세상이 우리곁에 펼쳐지기를
슬픔고통 아픔 다 잊고 꿈같은 행복마을 살아보기를

우 리 모두는 옛날부터 끝없이 노래했었네
기 - 나긴 세월 우리함께 날마다 기도했었네
숱 - 한 세월을 우리모두 꿈꾸며 살아간다네

딱 한 번 사는 우리 인 - 생 남은 날들을 보석처럼
주님을 몰라 방황하 - 던 이웃 돌아와 황제처럼
너와 나 우리 모두 함 - 께 예수 그 이름 구원 있네

하 나 님 사랑합 니 다 - 우리 모두 모두 함께
주 님 을 사랑합 니 다 - 축하해요 감사해요
천 국 은 너무 좋은 곳 - 형제 자매 함께 가요

이 웃 을 사랑합 니 다 - 파란 하늘 웃음으로
모 두 를 사랑합 니 다 - 예쁜 사랑 마음 담아
천 국 은 나의 생명 집 - 행복하게 즐거웁게

폭풍처럼 불꽃처럼 탱크처럼 (점프) 복음 들고 예수 향기 전하다가 (점프)

주 만 나 리 점 프 전 도 운 동 (점프)

믿음의 사람들 최대 목표는 예수님을 닮는 삶이다. 그러기 위한 첫 번째는 하나님을 사랑하는 일이며 두 번째는 이웃을 사랑하는 일이다. 이 곡의 가사는 예수님이 그러하셨듯이 점프전도운동으로 만백성이 구원받기를 희망하고 있다. 또한 이 땅위에 모든 크리스천들이 삶의 현장과 섬기는 교회에서 전천후 복음전도자 점프맨으로 살아가기를 바라는 내용이다.

함|께|가|고|싶|은|길

다시오실 예수 그리스도를 설레이는 마음으로 기다리며 복음운동을 펼쳐가고자 합니다. 한국교회의 다양한 현장들을 보면서 숨겨진 거대한 발전적 비전이 눈앞에 있음을 꿈에도 잊을 수가 없습니다.
교회생활을 가슴에 안고 오랜시간을 깊이 고민하며 점프전도운동을 준비했습니다.
실적중심에서 가치중심으로 과감하게 생각을 바꾸도록 한다면 모든 크리스천들이 Jesus Ubiquitous Mission Person 즉 "언제 어디서나 복음을 전하는 사람" Jump man 으로 살아가게 될 것입니다.
이 생명 다 하는 날까지 믿음의 사람들과 잠재력을 모으고 방향을 전환하여 폭발적인 제3의 교회 부흥과 행복한 크리스천의 삶을 나누기를 원합니다.
지금 이순간!
하나님의 간절한 바램은 생명 건지는 긴급한 복음사역을 위해 쓰임 받기를 요구하십니다. 우리를 향하신 창조주 하나님의 놀라운 비전이 있습니다.

우리 크리스천들이 지구촌 모퉁이에서 복음의 회복을 위해 건전한 기독교문화를 꽃피어 나도록 온 몸을 불 살라야 합니다.

거룩한 미래시대를 꿈꾸며 하나님 사랑을 위하여, 이웃 사랑을 위하여, 함께 뛰어 오르자고 외치고 싶습니다.

떳떳한 크리스천의 아름다운 생애를 위해 여러분과 함께 하기를 희망합니다.
Jump!

대표 김영수 장로
갈릴리문화발전소 3대 사역
① 전도사역 – 점프전도운동
② 문서선교 – 도서출판갈릴리
③ 영어전도 – COS영어교육원
대한예수교장로회 목양교회(합동)
www.G4004.com

점프전도운동 실천을 위한 도서

제1권 점프전도운동세미나 핸드북 〈점프전도운동 방향나누기〉
점프전도운동이 무엇인지 모두가 궁금해 할 것이다. 본부에서 점프전도세미나를 홍보차 개최하게 된다. 전국에서 달려온 지도자 및 성도들에게 개인과 교회를 향해 전도지향적 운영을 제시한다. 전 성도들의 잠재력을 돌출시키고 폭풍같은 불꽃같은 전도사역으로 바울같이 복음전도자의 삶을 스스로 살아가게 될 것이다. 새로운 페러다임의 거대한 전도운동은 지역교회마다 놀라움을 더해 줄 것이라 생각하며 이 교재는 점프전도 핵심을 알리는 강사용 교안이다.
　　　　　　　　　　　　　　　GCP / 4×6 배판 / 칼라 64p / 갈릴리

제2권 점프전도 오리엔테이션 〈점프전도운동 입문〉
세미나 참석 이후 점프전도운동을 우리교회 식구들과 이루어 가기 위한 1일 체험코스이다. 각기 다른 색깔을 내는 교회내 교역자와 성도들의 새로운 변화를 기대하며 전도형 크리스천, 전도형교회로 가기 위한 동기부여와 결단을 갖게 한다.
　　　　　　　　　　　　　　　GCP / 4×6 배판 / 칼라 64p / 갈릴리

제3권 점프전도운동 100%만들기 실제 〈힌트얻기 도움 자료〉
그동안 지내오던 우리교회 안에서 내부 봉사 위주의 전통조직을 전도형조직으로 전환한다. 남성전도팀, 여성전도팀,은사별 자율희망전도팀,구역전도팀,전도마트팀 등 스스로 지원 가입도록하고 팀별 사업계획과 전도활동 하도록 방향을 제시한다.
　　　　　　　　　　　　　　　GCP / A4 / 2도 120p / 갈릴리

제4권 점프전도 〈점프전도사관학교 주교재〉
예수님의 복음사역이 오래된 옛 문화같지만 새로운 세계로의 초대가 아닐 수 없다. 그 일은 목적이 분명하다. 철저한 신본주의 삶인 여호와 하나님을 경외하는 세상을 만들어 가자는 것이다. 전성도를 복음전도 장교로 세우기 위한 교재이다. 오리엔테이션을 경험한 자들이 지원하는 전문과정이다.
　　　　　　　　　　　　　　　GCP / 4×6 배판 / 칼라 240p / 갈릴리

제5권 점프! 새가족교육 〈초신자, 이명교인, 새가족교육 교재〉
신앙인들 남녀노소를 막론하고 교회안에 식구들이 믿음관이 각각 다르다. 지도자분들의 희망은 같은 색깔을 낼 수 있다면 얼마나 힘이 있겠는가? 라고 생각한다. 초신자 및 기신자 그리고 이명온 성도들, 연륜이 각각다르다는 성도들에게 점프전도새가족교육 5주과정을 통과시키면 믿음재정리 및 전도자의 삶을 살게 된다.
　　　　　　　　　　　　　　　GCP / 신국판 / 2도 64p / 갈릴리

제6권 점프!기본신앙교육 〈믿음과 실천다지기 13코스〉
신앙생활을 막연하게 하다보면 어느새 타성에 젖어 크리스천 존재로서 자부심이 약해지고 가치 중심의 믿음생활을 놓치게 된다. 무슨 일이든 기본이 중요하다. 말씀 중심의 13개 주제를 다르며 기본신앙교육을 성도들이 경험하게 된다면 건강한 신앙인으로 우뚝서게 될 것이다.
　　　　　　　　　　　　　　　GCP / 4×6 배판 / 칼라 128p / 갈릴리

점프전도운동 실천을 위한 도서

제7권 점프전도리더 〈포켓용 전도자 수첩〉
점프전도 운동가들이 포켓용 고급수첩을 늘 소지하고 점프전도운동가로서 자기관리 / 복음제시 / 예비크리스천 관리 / 심방자료 활용에 선용할 수 있는 보물이다. 내 몸에서 떨어질 수 없도록 항상 비서처럼 소장하고 활용할 수 있다.
　　　　　　　　　　　　GCP / 포켓용 / 칼라 168p / 갈릴리

제8권 점프! 전도 대상자를 찾아라! 〈예비크리스천 신상 메모노트〉
일상생활에서 수많은 사람을 만나게 된다. 상대방의 기초자료를 얻기위해 이름 / 전화 / 핸드폰 / 이메일, 특징 등을 파악하여 메모해 나간다. 그 중 확실한 VIP 예비크리스천 발굴도 가능케 할 것이며 직,간접으로 복음전도가 지속적으로 이루워 질 것이다. (개인소장용)
　　　　　　　　　　　　GCP / 4×6 배판 / 2도 112p / 갈릴리

제9권 점프! 전도여행일기 〈매일 개인별 일기 쓰기 노트〉
매일 일과를 마치고 하루의 삶을 돌아보면서 사도바울처럼 복음 전한 흔적을 기록해 보며 도래할 내일을 더욱 아름답게 설계할 수 있을 것이다. 전도여행일기 기록은 전도자로써 생애 최고 값진 추억이 될 것이다. 복음전도를 위해 기도, 말씀, 선물, 전도지, 모범적 자기관리를 준비 하도록 돕니다.
　　　　　　　　　　　　GCP / 4×6 배판 / 2도 136p / 갈릴리

제10권 점프! 팀원관리대장 〈각 전도팀 팀원관리용 카드〉
교회에 구역 및 전도회 그리고 동아리 팀사역 모임이 있지만 회원들을 성실하게 관리하기가 참 어렵다는 생각을 지울 수 없다. 왜 일까? 전 회기때부터 흘러내려오는 관리방식의 부재이다. 좀더 명확한 그리고 구체적인 방식으로 관리하고 회기를 마칠 때 마다 관리노트가 차기임원에게 전수되면 효과는 기대이상으로 좋은 결과를 가져 오게 한다.
　　　　　　　GCP / 카드 / 바인더용 내지 (100장 묶음) / 갈릴리

제11권 점프! 성도생활 기록카드 〈전도교육 관리용 카드〉
교회내 성도들 교육훈련은 대부분 희망자 중심으로 하게 된다. 본인이 원치 않으면 교육없이 신앙생활을 계속하게 된다. 종합관리는 물론 성도가 같은 방향을 지향하도록 하기 위해서 교육대장을 준비하고 수료여부를 체크하며 점차적으로 모든 성도를 같은 교육훈련을 받도록 관리하는 총괄대장이다.
　　　　　　　GCP / 카드 / 바인더용 내지 (100장 묶음) / 갈릴리

Jesus Ubiquitous Mission Person

전프! 새가족교육

지은이	갈릴리문화발전소
펴낸이	김 영 수
편 집	정해랑, 위성동
표지디자인	신 별 나
펴낸곳	도서출판 갈릴리
발행일	2010년 6월 1일
등록번호	제 1072-28
등록일	1995년 2월 25일
주 소	경기도 안양시 동안구 매곡로 44번길 58 (비산3동)
홈페이지	www.G4004.com
전 화	031-386-4004
팩 스	031-386-4085
메 일	gbooks@empal.com

• 이 책은 갈릴리출판사가 저작권자와 계약에 따라 발행한 것이므로 본사의 허락없이는 어떠한 형태나 수단으로 이 책의 내용을 이용하지 못합니다.
• 가격은 뒷표지에 있습니다.